그대라서 참 좋다

황 태 옥
(바람시인의 감성시집)

✿ 사랑을 미루지 않는 사람이 되는 방법 모음 시 ✿

그대라서 참 좋다

초판 1쇄 발행 2025년 09월 05일

지은이_ 황태옥
펴낸이_ 황태옥
펴낸곳_ 꿈나비북스
인쇄처_ (주)북모아
표지디자인- 디자인플래닛

.

주소_ 경북 포항시 남구 효성로 11
전화_ 080-610-7005
이메일- okst77@naver.com

ISBN: 979-11-981820-7-4
정가: 14,000원

'꿈나비북스는 모든 작가들의 출판을 응원합니다'

그대라서
참좋다

황태옥 감성시집

꿈나비
BOOKS

황태옥 바람시인

도전을 꿈꾸는 이들에게
책을 사랑하는 이들에게

매일매일 시와 글을 쓰도록 안내하고
함께 쓰는 이들의 작품을 다듬고 코칭하는
책 쓰기, 시 쓰기 전문 작가 바람시인입니다

함께 웃을 때 사랑은 더 깊어진다
- 황태옥 -

프롤로그

어느 날
바람이 전해준 그대의 이름
그때부터였을까요

이 시집은 '그대'라는 이름으로 시작되어
'사랑', '일상', '설렘' '행복'의 이름으로 번져갑니다

소금처럼 사소하지만 깊은 맛을 남기는
깨소금 부부의 이야기부터 사랑 행복 눈빛에
설렘 응원까지 바람처럼 가볍되 따뜻하게 스며들기를

세상은 바쁘게 돌아가지만
그 속에서도 마음 한 켠
그대와 나만의 작은 시간이 있습니다

꽃이 피고 지듯
우리의 하루도 흘러가지만
서로를 바라보는 눈빛 속에는
언제나 봄이 머물러 있습니다

읽는 동안
그대의 마음에도
작은 꽃이 피길 바랍니다

바람시인 황태옥

목 차

서로의 부족함을 껴안는 마음이 진짜 사랑이다

- 황태옥 -

제 1장

그대와 나 (사랑)

말보다 작은 행동이 마음을 더 전한다

- 황태옥 -

내 마음 훔쳐갔어요
온통 그대 생각
그대는 나의 봄
그대 미소에서
살아있는 얼굴
쉿 비밀이야
그대와 나
하늘 편지
그대에게
무지개

내 마음 훔쳐갔어요

처음
웃는 얼굴에
마음이 끌렸어요

그러다
멋진 목소리에
가슴이 떨렸지요

갑자기
심장이 벌렁벌렁
뜨거워지는 가슴
숨길 수 없더군요

이것이 사랑인가 봐요
내 마음 훔친
그대는 첫 사랑

온통 그대 생각

하늘을 봐도
그대 생각

커피를 마셔도
그대 생각

운동을 해도
그대 생각

잠시 웃어도
그대 생각

오늘 하루
온통

그대생각뿐

그대는 나의 봄

그대가 웃는 날은
내 마음에
꽃이 핍니다

그래서 나는
그대를

봄이라
부릅니다

그대 미소에서

그대 미소는
언제나 봄

봄은
그대 미소에서
그대 향기에서
나에게로 온다

내 안은
언제나 봄

살아있는 얼굴

그대 떠올리면
내 얼굴도 살아나요

웃는 얼굴
붉어진 얼굴
가끔은
눈물 그렁한 얼굴

그래도 좋아요
그대 때문이라면

이 모든 얼굴이
살아 있는
마음이니까요

쉿 비밀이야

마음에
흰 도화지 펼쳐 놓고

오늘도
그대를 색칠해요

빨강은 웃음
노랑은 장난

그리고
분홍은…

그대 생각

그대와 나

그대가 웃으면
나도 웃어요

내 마음이 이미
그쪽으로 기울었거든요

그대의 발걸음 따라
내 하루가 움직이고

그대의 한숨에도
내 가슴이 젖어옵니다

그렇게
그대와 나는
서로를 닮아가고 있지요

하늘 편지

가끔은
하늘이
우체통이었으면 좋겠어요

구름 한 장
편지처럼 접어서
바람에게 맡기면

당신 마음 위로
살며시 내려앉을 수 있도록

읽지 않아도 괜찮아요
그저 닿기만 해도
마음은 따뜻하니까요

그대에게

그대 눈빛 아끼지 마세요
아름답게 윙크를

그대 마음 표현하세요
많이 사랑한다고

그대
행동 바로 하세요
늦으면 후회하니까

기억 하세요
작은 실천이
세상을 밝힌다는 걸

그대가
주는 사랑처럼

무지개

소나기가 내리고
세상이 잠시 젖으면

하늘 어딘가
구름 사이로
무지개가 떠오르겠지

기다리는 사람에게
가장 예쁜 선물은

늘
조금 늦게 오니까요

제 2장

사랑과 봄 (행복)

하루의 끝에 손을 잡아줄 때 우리는 하나가 된다

- 황태옥 -

너를 만난이후 웃었다
그냥 좋은 사람
참 멋진 그대
꽃밭 속 그대
행복 마술사
행복했으면
내 안의 봄
그대 눈빛
사랑 길
봄맞이

너를 만난 이후 웃었다

너를 만난 후
웃음이 생겼다

괴로움뿐이었던 삶에 웃음이
따뜻한 눈빛으로 찾아왔다

밝은 얼굴로 만났다
내 생각이 너를 향해 움직였다

긴 터널 속
어찌할 수 없었던 과거
고독이 사랑으로 다가왔다

나는
가슴 가득 향기를 담고

전설 같은
사랑을 꿈꾸는 여인이 되었다

그냥 좋은 사람

그대가 좋아서
그냥 그대 생각하고 있어

말 하지 않아도
생각만 해도
느낌이 좋은 사람

나는
그런 사람이 좋아

그게 그대고
이게 나야

참 멋진 그대

나에게
가장 소중한 사람은
지금 여기
함께 있는 그대

멋진
내 존재를 인정해 주는
참 멋진 그대

꽃밭 속 그대

행복한 마음으로
즐거운 마음으로
꽃을 사랑한다

그대를 닮은 마음으로
꽃처럼 그대를 사랑한다

내 가슴에
그대 생각으로
꽃밭을 만들고
하트를 그린다

그 아래
그대라고 적는다

행복 마술사

보면 볼수록
매력적인 사람
바로 당신

그게 나고
이게 나고
또 그게 나

행복했으면

알고 있나요
그대가 나를 많이
사랑하고 있다는 사실을

그럼요
난 그대를 사랑하는 마음으로
오늘을 더 맛나게 사는 걸요

앞으로
지금처럼
그대를 사랑하려고요

지금처럼만
앞으로도 쭉

지금처럼만
행복했으면 좋겠어요

내 안의 봄

오랜 세월
햇살 한 줌에
마음이 물들어요

소리 없이
참았던 눈물도
한 송이 꽃이 되어

내 안의 봄도
이제야 눈을 뜹니다

그대가 있어
이 계절도 참 따뜻합니다

꽃이 핍니다
그대를 닮은
내 마음에도

그대 눈빛

창밖 햇살보다
더 따뜻한 건

그대가 웃을 때
살며시 접히는 눈

말 한 마디 없어도
괜찮다고 건네는 눈빛

그 눈 바라보면
세상이 환해진다

바람이 스치고
시간이 흘러도

내 마음의 온도는
그대 눈빛처럼

언제나
봄

사랑 길

가고
또 가다 보면
그대가 보이겠지

걷고
다시 걷다 보면
그대를 만나겠지

그래서
가고 있다
내 안으로

그래서
걷고 있다

그대
생각 속으로

봄맞이

내 사랑 봄맞이

살랑이는 바람 따라
그대가 온다

연둣빛 새순처럼
수줍게 스며들고

꽃잎 같은 미소로
내 마음 물들인다

따스한 봄 햇살
마주한 순간

내 사랑도
피어난다

봄꽃처럼

제 3장

소소한 특별함 (계절)

사랑은 서로의 자유를 지켜주면서
마음을 붙드는 힘이다

- 황태옥 -

그대가 준 오늘
함께 걷는 행복
그대 닮은 구월
나답게 천천히
더 높이 함께
그대 생각에
다섯 빛깔

그대가 준 오늘

그대가
미소 지을 때마다

나는
세상을
받았습니다

고맙다는 말로는
부족한
하루입니다

그대라는 선물
나는
매일
열어 봅니다

함께 걷는 행복

눈 감았다
그대 얼굴이 보인다

길을 걸었다
그대와 함께 걸었다

식사를 한다
그대와 마주 앉았다

커피를 마신다
그대를 마신다

그대는
행복

그대 닮은 구월

비 내린 자리마다
풀잎에 맺힌 마음

시원한 바람이
내 이름 부르네요

창문을 열자
그대 생각이
먼저 들어옵니다

햇살이 예쁘게
쏟아지는 날처럼

오늘도
그대 닮은 구월이
시작 됩니다

나답게 천천히

너무
앞서 가지 않기로 했다

남 따라
달리지 않기로 했다

행복을
내일로 미루지 않기로 했다

오늘
나답게
천천히 걸어가기로 했다

행복은
늘 곁에 있었으니까

이제야
조심스레
잡아보려 한다

더 높이 함께

그대 덕분에
나는
자꾸만 높은 곳을 바라봐요

혼자였다면
고개조차
들지 못했을 텐데

그대가 있어
나도
좀 더
괜찮은 사람이 되어 가요

우리
함께이기에
더 높이
더 따뜻하게
닿을 수 있겠지요

그대 생각에

고개 들어
하늘을 봤어요

그대 생각에
미소가 떠 있었죠

조금만 더
고개 들어보니

그 미소
내 마음에 앉았어요

다섯 빛깔

하나
사랑. 말보다 행동으로
등을 토닥이는 손길 속에
세상이 다 담긴다

둘
용기, 두려움 속에서
떨리는 무릎으로도
한 걸음 내딛는 순간
빛이 시작된다

셋
감사, 가진 것보다
지켜보는 마음에서 자란다
작은 햇살에도
고개 숙일 줄 알아야 한다

넷
정직, 거울 같은 것
흔들리지 않아도
모든 진심이 비친다

다섯
희망, 가장 어두운 밤에 빛난다
별이 사라져도

너는
너의 빛을 기억해야 한다

제 4장

그대는 좋겠다 (믿음)

다툼 뒤에도 웃음을 나눌 수 있다면
그 사랑은 오래 간다

- 황태옥 -

그대는 좋겠다(감사)
그대는 좋겠다(사랑)
그대는 좋겠다(고백)
그대는 좋겠다(질투)
그대는 좋겠다(시계)
그대는 좋겠다(비)
그대는 좋겠다(꽃)
그대는 좋겠다(꿈)
그대는 좋겠다(길)

그대는 좋겠다 (감사)

그대는 좋겠다
고맙다는 말을
미루지 않고 전할 수 있어서

나는
고마움이 쌓여
그리움이 되었다

그래서
그대를 떠올릴 때마다
미안해진다

그대는 좋겠다 (사랑)

그대는 좋겠다
사랑이
그대 곁에 머물러서

나는
사랑이
그대 곁에 있다는 이유로

그대를 사랑한다
그래서 나는
말하지 않아도

그대를
더 사랑한다

그대는 좋겠다 (고백)

이 마음
들킬까 봐

조심조심
아껴왔는데

오늘은
살짝
내어놓는다

그대는
좋겠다

내가
그대를
좋아하니까

그대는 좋겠다 (질투)

내가 말도 못 하고
숨기고 있는 마음을

누군가는
그대에게

참
예쁘게 말하겠지

그대는
참좋겠다

나는
오늘도

그 말 뒤에
숨어 있으니

그대는 좋겠다 (시계)

설령
시계가 멈춘다 해도
우리 사랑은 멈추지 않으니

돌고 도는
시곗바늘처럼

그 끝에
그대가 있고
그대 가슴에
내가 있으니

그대는 좋겠다

이 사랑을 가진 마음
영원한걸 알기에

그대는 좋겠다 (비)

비 오면
생각나는 사람이

있다니
그대는
참 좋겠다

누군가의
그리움으로
살아가니

그대는 좋겠다 (꽃)

봄바람만 스쳐도
가슴이 피는 사람

꽃만 보아도
설레는 사람

그대는
참 좋겠다

누군가의
봄이 되어
웃게 하니

그대는 좋겠다 (꿈)

꿈 속에서도
나를 만나고
손잡을 수 있어서

나는
그대가 꿈이어서
깨어 있는 순간에도
빙그레 미소 짓는다

별 하나 세며
이름을 부르는 동안
그대는 좋겠다

꿈을 꾸며
나를 곁에 두니

이 꿈이 현실보다
더 사랑스러우니까

그대는 좋겠다 (길)

길 위에서
내 손을 잡아 주니
그대는 좋겠다

비 오는 날에도
햇살 가득한 날에도
같은 발자국을 남기며
천천히 함께 걸을 수 있어서

길이 끝나도
그대가 나의 길이 되어
돌아갈 집과
쉼표 같은 시간을
준다는 걸 알기에

갈림길 앞에서
서로 다른 생각으로
잠시 멈춰도

손 맞잡는 순간

우리는
다시 같은 길 위에 선다

그대는 좋겠다
내 곁에서
길을 걸으며

오늘 하루를
채우고 있으니

제 5장

사랑의 고백 (설렘)

서로를 바라보는 눈빛이 가장 큰 위로다

- 황태옥 -

봄은 그대 마음에
꽃이 피는 이유
첫눈 내리는 날
그대가 좋다
소중한 선물
봄의 유혹
입춘대길

봄은 그대 마음

그대가 오면
봄이
따라 온다

내 밖의 봄은
꽃으로 오고

내 안의 봄은
그대 웃는 얼굴로 온다

화사하고
무르익은

사랑을
만들고 싶다며 온다

꽃이 피는 이유

보았습니다
내 안에
꽃이 피었다는 사실을

느꼈습니다
내가 사랑하는
그대도 꽃인 것을

그래서
꽃이 핍니다

서로를
확인하며 핍니다

첫눈 내리는 날

너를 만났다
눈송이 하나하나
이야기가 되고

그 이야기는
내 안에 눈길 만들었다

지금도
첫눈을 보면
그 길로
너를 부르고

첫사랑
우리 사랑을 확인한다

그대가 좋다

벗꽃이 참 좋다
화려해서 좋다

하늘에 수 놓은
꽃처럼

사랑하는 마음
느껴져서 좋다

그대
생각나게 해서 좋다

하늘
땅별만큼
그대가 좋다

소중한 선물

그대가
미소 지을 때마다
내 마음에
꽃이 피었어요

그 웃음에
하루가 반짝이고
그 눈빛에
웃게 돼요

이런 기쁨
어떤 말로 다 전할까요

고마워요
그 말만으로는
모자란 하루예요

그대가
내게 와준 것

그게
세상에서 제일
소중한 선물이에요

봄의 유혹

그리움을 깨우는
봄이
찾아왔네요

겨우내
얼어붙었던
그대 마음도

꽃처럼
피어날까요

나도 이제
그대 마음을 향해
한 송이 꽃이 되려 해요

입춘대길

햇살이
활짝 인사하고
밤과 낮이 막 닿는 날

겨울 끝자락
매서운 바람에
새싹은 슬그머니 눈뜨네

살랑살랑
부는 바람
새순들은 즐겁게 춤추고

꽃망울은
환하게 웃으며
새들의 노래 맞이하네

기다렸던 봄의 향기
세상 가득 퍼져가고

삐죽삐죽
돋아나는 생명
여기저기서 아우성

춘분의 약속처럼

봄은 시작되는데

내 사랑 봄은
언제 꽃 피울까

제 6장

깨소금부부 시리즈(잉꼬)

서로를 바라보는 눈빛이 가장 큰 위로다

- 황태옥 -

깨소금이 없네요. 부부
깨소금이 없네요. 김치
깨소금이 없네요. 커피
깨소금이 없네요. 웃음
깨소금이 없네요. 우산
깨소금이 없네요. 사랑
깨소금이 없네요. 묵은지
깨소금이 없네요. 기다림

깨소금이 없네요 (부부)

여보, 깨소금이 없네요
그 말에
괜히 웃음이 났어요

어제도
그제도
우린 안 넣었거든요

깨소금은 없어도
그대가 있으니까요

사랑스런 말 한마디
따뜻한 눈빛에
고소한 마음이
솔솔 피어나잖아요

그래서
우린 깨소금 부부예요

깨소금이 없네요 (김치)

괜히 투덜거렸죠
그대는
조용히 수저만 내려놓았고요

잠깐
공기가 식었지만

그대가
김치를 쓱
내 그릇에 올려줬어요

그 순간
마음이 스르르

깨소금은 없어도
이런 순간이
참 고소해요

우리는
깨소금 부부니까요

깨소금이 없네요 (커피)

그대가
말이 없네요

나도
숟가락을
소리 내어 놓았죠

한참
조용한 밥상

그러다
달달한 커피한잔
그대 앞에 내밀었어요

그대가
살짝 웃었고
나도 따라 웃었죠

툭 튀었던 마음
금세 고소해졌어요

우린
깨소금 부부니까요

깨소금이 없네요 (웃음)

여보,
장 봤어요

배추 한 포기
두부 한 모
그리고
웃음 한 바구니

깨소금은 못 샀어요

그대 웃음이
고소하니까

그래서 우리는
깨소금 부부예요

깨소금이 없네요 (우산)

비 오는 날
우산을 나눠 썼죠

어깨 한쪽
비에 젖었지만

그대 얼굴은
웃음에 젖어 있네요

깨소금은 없지만
비 내리는 거리에도

우리 사랑은
촉촉히 피었어요

우린
깨소금 부부니까

깨소금이 없네요 (사랑)

국수 비비며
그대랑 나 눈치 게임

열무 톡
참기름 한 방울
고추장 쓱쓱

여보,
깨소금이 빠졌네

가만 보니
우리 집에
깨소금이 없네요

매일 웃음 뿌리며
사랑 버무리는

우리 둘
깨소금 부부니까

깨소금이 없네요 (묵은지)

그대가
내 옷깃을
살짝 여며줄 때

문득
처음 만났던
그 날이 떠올라요

부끄럽던 설렘도
투닥였던 하루도
어느새 고소하게 익었죠

우리에겐 묵은지처럼
깊은 사랑이 있어요

말 안 해도 아는
그대 눈빛에
그대 손 끝에

우리는
깨소금 부부예요

깨소금이 없네요 (기다림)

어느 날
말수가 줄어든 그대

"그냥 좀
조용히 있고 싶어..."

그 말에
나는 말 대신
기다림을 꺼냈어요

그대 마음 옆에서
은은한 향기 되려고요

말 없어도
마음은 전해지니까요

오늘도
우린 참 다정한
깨소금 부부랍니다

제 7장

사랑의 편지(내편)

함께 있는 시간보다, 함께 행복한
시간을 만드는 것이 중요하다

- 황태옥 -

꽃처럼 사랑하라, 별처럼 빛나라
이름을 부를 수 있다는 것
아무 날도 아닌 날
불 켜진 집
작은 쪽지
미소의 힘
함께라서
내편

꽃처럼 사랑하라, 별처럼 빛나라

꽃처럼 사랑하라
가슴 속 깊이 피어나는
따스한 마음으로

누군가를 향해 빛나라

매일매일 향기를 전하며
조용히, 그러나 강하게
그 사랑이 퍼지도록

온 세상을 감싸 안아라

별처럼 빛나라
어두운 밤을 밝히는
작지만 찬란한 빛으로

어디서든 빛을 놓지 마라

가슴 속 별들이
희망과 꿈 담고
세상 곳곳에 비추어

어두운 길을 밝혀주리라

꽃처럼 사랑하라
별처럼 빛나라

그대의 존재 자체가
세상에 밝은 빛이 되리라

이름을 부를 수 있다는 것

당신을 부르면
왜 하고 웃으며
대답해주는 사람

하루에도 수십 번
그 목소리를 듣는 일이

삶의 위로가
될 줄 몰랐습니다

서로의 이름을
부를 수 있다는 것

그것만으로
우리는

참
고운 관계입니다

아무 날도 아닌 날

기념일도 아니고
특별한 일도 없는 하루

그저
같은 식탁에 앉고

같은 시간에 잠든
오늘

이 평범함이
얼마나
고마운지 모릅니다

우리 삶은
아무 날도 아닌 날들로
더 깊어집니다

불 켜진 집

밖은 어두웠지만
창문 너머

당신이 켜둔
불빛이 보였습니다

그 빛 하나에
걸음이 빨라지고

마음이
놓였습니다

당신이 있는 집은
언제나

내가
돌아올 이유가 됩니다

작은 쪽지

지갑 속에서
당신이 써놓은
작은 쪽지를 발견했습니다

"밥 잘 챙겨 먹고, 무리 말아요"

글씨는
삐뚤했지만

마음은
단정했습니다

그날 하루
나는 세상에서

제일 든든한
사람으로 살았습니다

미소의 힘

출근하는 내게
살짝 건네는
당신의 미소 하나

그 웃음이
하루를 버티게 합니다

어떤 말보다
가장 깊은 응원이죠

그래서 나는
당신이 웃는 모습을

제일
좋아합니다

함께라서

눈을 뜨면
당신이 옆에 있고

문을 나서면
내 마음이 따라가고

하루를 마치고
돌아오면

당신이
웃으며 맞아줍니다

그 모든
평범한 순간들이
내겐 기적입니다

함께 있어줘서
늘 내 편이 되어줘서

참
고맙습니다

내 편

누가 뭐라 해도
내 말 들어주는
당신이 있습니다

틀린 말도
그럴 수도 있지 하고
맞장구 쳐주는 당신 덕에

나는
세상에서
가장 행복한 편을 가진 사람입니다

삶이 힘들 때마다
문득문득
떠오릅니다

당신의 웃음
당신의 마음
따뜻하게 건네는 그 한 마디

"그래도
나는 당신이 있잖아"

그 말 한 마디로

긴 하루의 무게도
살짝 가벼워지고

혼자라고 느껴지는 시간에도
나는 혼자가 아님을 알게 됩니다

그대가 있어
마음은 늘 따뜻하고 견딜만합니다

그래서
오늘도 중얼거립니다

"내 편이 되어 주어서
고마워요, 사랑해요"

제 8장

사랑이 머무는 자리 (응원)

사랑은 완벽함이 아니라
이해와 존중에서 시작 된다

- 황태옥 -

너를 향해 부는 바람
너에게 보내는 미소
생일을 맞은 너에게
나에게 보내는 편지
너답게 살아가길
나처럼 나답게
나만의 속도
그대는 선물

너를 향해 부는 바람

하늘아
네가 웃으면
나는 구름을 흔들고 춤을 춰

네가 눈물짓는 날엔
머물며 마음을 덮지

나는 떠도는 게 아니야
늘 너를 맴도는 사랑이야

햇살을 건네줄 땐
내 손끝엔 네 생각으로 가득하고

비를 데려갈 땐
네 그늘이 내 품에 머물러

멀리 보여도 잊지 마
나는 언제나
너를 향해 부는 바람이니까

너에게 보내는 미소

인생에서
가장 힘든 날
오히려 행복하게
미소지어보는 것

언젠가
그 사람도
나를 보면 미소 짓게

인생이란
힘들게 한 사람을
오히려 용서하고
다독여주는 것

어디선가
그 사람도 그들을
용서해 줄 수 있게

생일을 맞은 너에게

서른셋,
어느덧 청년이 된 너를
멀리서 떠올리며
오늘 하루를 천천히 걷는다

처음 너의 울음소리를 들었던 그날
그 작은 숨결이
내 세상을 환하게 밝혔었지
시간이 참 많이도 흘렀구나
혼자 걷는 줄 알았던 너의 길에

사실은
내 마음도 조용히 따라 걷고 있었단다

너의 고단한 하루에도
웃음을 놓지 않는 너,

어느새
누군가에게 힘이 되는 사람으로
곧게 자라 주었구나

가까이 있지 못해
손 꼭 잡아주진 못하지만

오늘만큼은
너의 이름을 더 많이 부른다

생일 축하한다, 아들아
그날 세상에 와줘서 고맙고
지금의 너라서
참 고맙다

멀리서도
언제나 너를 응원하는
엄마)의 마음,
늘 네 곁에 머문다

나에게 보내는 편지

한때는
고민이 많았고
힘든 날도 많았지요

그런 날들 속에서
웃음이 나를 조금씩
바꿔주었고

끊임없는 노력 끝에
나를 알게 되었지요

남과 비교하지 않아도
괜찮다는 걸

나만의 길
나만의 속도

여기까지 온
지금의 나에게

다독이며
말해봅니다

고맙다고
대견하다고

참 자랑스럽다고

너답게 살아가길

지난 날 보다
더욱 찬란하게

지금의 너보다
더 빛나는 존재로

내일의 너는
더욱 단단히

마음과 몸
모두 너답게

끝없이 펼쳐가는
나의 사랑이
항상 너답게

나처럼 나답게

별처럼 살고 싶었어
그래서
어제는 조금 빛났어

꽃처럼 살고 싶어
그래서
오늘은 향기를 담았어

바람처럼 살고 싶어
그래서
나처럼, 나답게 살아보려고

조금 느리도 괜찮아
내 마음대로
내 속도대로

나만의 속도

가는 길이 달라도
서로의 봄은 있었어요

넘어질 때마다
손 내밀어준 그대가
참 고마웠어요

포기하고 싶을 때
멈추지 않은 노력
그게 용기였어요

눈물이 많아도
웃을 줄 아는 마음
그 마음이
나를 바꿔주었고요

하루가 버거워
달을 보며 울던 날도
지나고 보니
다 추억이 되더라고요

그래서 나는
누구와도 비교하지 않고
내 속도를 사랑하기로 했어요

그대는 선물

오늘은
당신이 세상에 와준
참 고마운 날입니다

당신이 있어
누군가는 위로받고
누군가는 웃고
누군가는 사랑을 믿게 되었죠

당신이 태어난 오늘만큼은
조금 더 특별하고
조금 더 따뜻했으면 합니다

당신의 존재가
누군가에겐 선물이라는 걸
잊지 마세요

생일 축하합니다
당신이 있어서 참 좋습니다

에필로그

사랑은 말하지 않아도
풍경이 되고 계절이 되어
곁에 머물러 줍니다

당신이 있어서
내가 시를 쓰게 되었습니다

다음 바람은 어디로 불어갈까요
그곳에도 '당신'이 있기를 바래봅니다

이 시집을 덮으며
사랑을 다시 믿어봅니다

감사합니다

바람시인 황태옥